I0009245

BEI GRIN MACHT SICH IHR WISSEN BEZAHLT

- Wir veröffentlichen Ihre Hausarbeit, Bachelor- und Masterarbeit

- Ihr eigenes eBook und Buch - weltweit in allen wichtigen Shops

- Verdienen Sie an jedem Verkauf

Jetzt bei www.GRIN.com hochladen und kostenlos publizieren

Bibliografische Information der Deutschen Nationalbibliothek:

Die Deutsche Bibliothek verzeichnet diese Publikation in der Deutschen National-
bibliografie; detaillierte bibliografische Daten sind im Internet über http://dnb.d-
nb.de/ abrufbar.

Impressum:

Copyright © 2014 GRIN Verlag
Druck und Bindung: Books on Demand GmbH, Norderstedt Germany
ISBN: 9783668660441

Dieses Buch bei GRIN:

https://www.grin.com/document/274613

Rochus Stobbe

Datenschutzgesetz in der IT

GRIN Verlag

GRIN - Your knowledge has value

Der GRIN Verlag publiziert seit 1998 wissenschaftliche Arbeiten von Studenten, Hochschullehrern und anderen Akademikern als eBook und gedrucktes Buch. Die Verlagswebsite www.grin.com ist die ideale Plattform zur Veröffentlichung von Hausarbeiten, Abschlussarbeiten, wissenschaftlichen Aufsätzen, Dissertationen und Fachbüchern.

Besuchen Sie uns im Internet:

http://www.grin.com/

http://www.facebook.com/grincom

http://www.twitter.com/grin_com

FOM Hochschule für Oekonomie & Management
Frankfurt am Main

BERUFSBEGLEITENDER STUDIENGANG ZUM
MASTER OF ARTS – IT MANAGEMENT
WINTERSEMESTER 2013

HAUSARBEIT

DATENSCHUTZGESETZ IN DER IT

Verfasser: Rochus Stobbe

12. Februar 2014

INHALTSVERZEICHNIS

ABKÜRZUNGSVERZEICHNIS

BDSG	Bundesdatenschutzgesetz
BSI	Bundesamt für Sicherheit in der Informationstechnik
IT	Informationstechnik
LDSG	Landesdatenschutzgesetz
SSL	Secure Socket Layer
USV	Unterbrechungsfreie Stromversorgung

ABBILDUNGSVERZEICHNIS

1. Einleitung

Datenschutz ist ein sehr aktuelles Thema. In den Nachrichten finden sich viele Inhalte, die sich mit dieser Thematik beschäftigen. Sei es verlorengegangene (beziehungsweise geklaute) Kreditkarten-Daten bei Sony oder die Überwachung des Mobiltelefons der Bundeskanzlerin Angela Merkel. Leider wissen nur die wenigsten Menschen in Deutschland, was Datenschutz genau bedeutet, seit wann und warum es ihn gibt und wie sie ihre Daten richtig schützen können.

Für Unternehmen bietet sich da ein ganz besonderes Feld. Wie schütze ich als Unternehmen die Daten, die mir ein Kunde anvertraut hat? Was muss ich laut Gesetz dafür machen? Wie kann nachgewiesen werden, dass das Unternehmen sich sorgfältig um die Daten kümmert?

Zudem muss sich eine Firma mit dem Begriff Datenschutz auseinandersetzen. Es ist in der heutigen Zeit durch die Gesetzgebung nicht mehr möglich, sich diesem Punkt zu widersetzen. Im Gegenteil: Das Unternehmen muss dafür sorgen, dass die Bestimmungen der Regierung umgesetzt und eingehalten werden. Welche genauen Vorgaben dabei beachtet werden müssen, folgt in den nächsten Kapiteln.

Diese Fragen müssen innerhalb der Geschäftsführung geklärt werden. Dazu muss geklärt sein, welche Daten eines besonderen Schutzes bedürfen. Aus der Sicht des Unternehmens sind es die Geschäftsdaten – egal, ob es Öffentliche oder Vertrauliche sind. Wenn es unter gesetzlichen Datenschutz-Aspekten betrachtet wird, sind es die personengebundenen Daten. In der nachfolgenden Grafik werden vier verschiedene Kriterien für diese Daten aufgezeigt und nach gesetzlicher Priorität und Intensität der Schutzmaßnahmen, für die das Unternehmen sorgen muss, sortiert.

Abbildung 1: Datenarten und Einstufung in Risikoklassen[1]

Aus diesem Schaubild lässt sich der Aufwand eines Unternehmens für den Daten-schutz ableiten. Die umsetzende Abteilung ist heutzutage in den meisten Fällen die IT-Abteilung. Denn in dieser Abteilung finden sich die datenverarbeitenden Server, die zur Speicherung der Daten genutzt werden. Aus diesem Grund gehört der Ab-teilung in Sachen Datenschutz auch eine besondere Zuwendung. Das Personal muss geschult und sensibilisiert werden. Zudem müssen die Schutzmaßnahmen aufgebaut werden. Was genau damit gemeint ist, wird im Verlauf dieser Hausarbeit deutlich.

---

[1] Eigene Darstellung in Anlehnung an Inderst, Banneburg, Poppe (2013), S. 484

2. Datenschutz

Der Datenschutz ist in der Bundesrepublik Deutschland über das Bundesdaten-schutzgesetz und die einzelnen Landesdatenschutzgesetze der Bundesländer ge-regelt.

2.1. Geschichte des Datenschutzes

Der Begriff Datenschutz wurde Ende der sechziger Jahre geprägt. Damals wollte die Bundesrepublik eine Datenbank mit den Daten aller deutschen Staatsbürger einrichten. Dieses stoß aber auf heftigem Widerstand der Bundesbürger, die dieses als Eindringen in ihre Persönlichkeitsrechte empfanden.[2]

Daraufhin wurde in Hessen am 7. Oktober 1970 das erste Datenschutzgesetz der Welt verabschiedet. Zudem wurde ein Datenschutzbeauftragter bestimmt. Ziel des ersten Datenschutzgesetzes war der Schutz personenbezogener Daten vor unbe-fugtem Zugriff. Darüber hinaus wurde die Verschwiegenheitpflicht definiert.[3] Bis ins Jahr 1981 folgten sämtliche anderen Bundesländer der Bundesrepublik Deutschland dem Vorbild Hessens und implementierten ein eigenes Landesdaten-schutzgesetz.[4]

Am 28. Januar 1977 trat das Bundesdatenschutzgesetz in Kraft. Dieses beinhaltete den Schutz von „personenbezogenen Daten". Öffentliche Ämter durften ab dem Zeitpunkt nur noch Daten speichern, die den „Erforderlichkeitsgrundsatz" entspra-chen. Im Genaueren bedeutet dies, dass nur Daten gespeichert werden dürfen, die zur Durchführung der Aufgaben notwendig sind.[5]

1983 wurde eine geplante Volkszählung in der Bundesrepublik Deutschland für verfassungswidrig erklärt, da das Grundrecht „Recht auf informationelle Selbstbe-stimmung" laut Bundesgerichtshof verletzt wurde. Der Gerichtshof sah die Gefahr,

---

[2] Vgl. Universität Frankfurt (2013)

[3] Vgl. Universität Frankfurt (2013)

[4] Vgl. LDA (2013)

[5] Vgl. LDA (2013)

dass der Bürger nicht selbstständig über die Verwendung seiner Daten bestimmen konnte. Durch dieses Urteil wurde der Datenschutz per Grundgesetz etabliert.[6]

Niedergeschrieben wurde dieses im Datenschutzgesetz des Bundes und der Länder im Jahr 1990. Hier wurde auf das Gerichtsurteil explizit eingegangen. Der Bürger hat dadurch das Recht zu erfahren, was mit seinen Daten geschieht und welche Daten gespeichert wurden. Zudem darf der Staat nur Daten ohne Einwilligung des Bürgers speichern, bei denen es gesetzlich erlaubt ist.[7]

Im Jahr 2001 folgte die Änderung des Bundesdatenschutzgesetzes nach den europäischen Datenschutzrichtlinien. Die Bundesländer hatten ihre Landesdatenschutzgesetze schon im Vorfeld geändert. Hessen und Brandenburg waren die ersten beiden Bundesländer im Jahre 1998.[8]

2.2. Bundesdatenschutzgesetz versus Landesdatenschutzgesetz

Der bedeutendste Unterschied liegt in den Zuständigkeiten der Gesetze. Während das Bundesdatenschutzgesetz (BDSG) seine Anwendung bei Unternehmen, Bundesbehörden oder Behörden im Wettbewerb findet, gilt das Landesdatenschutzgesetz (LDSG) für Landesbehörden und Behörden der Kommunen. Beide Datenschutzgesetzte sind nicht zuständig, wenn es sich um Datenverarbeitung handelt, die ausschließlich dem persönlichen beziehungsweise dem familiären Bereich zugeordnet werden kann.[9]

---

[6] Vgl. LDA (2013)
[7] Vgl. LDA (2013)
[8] Vgl. LDA (2013)
[9] Vgl. Witt, B., Universität Ulm (2013b)

2.3. Aufgaben von Datenschutz

Die Aufgabe des Datenschutzes ist der Schutz des Einzelnen vor der unberechtigten Weitergabe seiner personengebundenen Daten ohne Zustimmung. Daher wird auch von „informationellem Selbstbestimmungsrecht" gesprochen - im Speziellen von „Einzelangaben über persönliche oder sachliche Verhältnisse einer natürlichen Person".[10]

Das Bundesdatenschutzgesetz und die Landesdatenschutzgesetze beziehen sich immer auf den Sitz der Behörde oder des Unternehmens. Also gilt es nur für öffentliche Stellen oder Firmen mit Sitz in Deutschland und dem betreffenden Bundesland. Für ausländische Firmen gelten diese Gesetze nicht.[11]

2.4. Datenschutz in Unternehmen

Unternehmen, in denen mindestens zehn Mitarbeiter mit personenbezogenen Daten arbeiten, müssen einen Datenschutzbeauftragten stellen. Zusätzlich müssen alle Firmen, die aus dem Bereich Markt- oder Meinungsforschung kommen, einen Datenschutzbeauftragten beschäftigen. Dabei spielt es keine Rolle, wie viele Mitarbeiter diesem Unternehmen angehören.[12]

Das Aufgabenfeld des Datenschutzbeauftragten ist vielfältig. So soll er Mitarbeiter sensibilisieren und schulen, damit der Datenschutz in dem Unternehmen eingehalten wird. Dabei ist es wichtig, dass er sich in dem Bereich weiterbildet, um auf dem neuesten Stand zu bleiben. Für die Durchsetzung des Datenschutzes ist er aber nicht verantwortlich. Die Verantwortung obliegt der Geschäftsführung.[13]

Als Datenschutzbeauftragter eignet sich eine Person, die sowohl die nötige Erfahrung, das Wissen, die Zuverlässigkeit und das Vertrauen mitbringt. Das Fachwissen hängt dabei stark von den Anforderungen an die Datenverarbeitung der perso-

---

[10] Vgl. Bundesamt für Sicherheit in der Informationstechnik (2013a)

[11] Vgl. Bundesamt für Sicherheit in der Informationstechnik (2013a)

[12] Vgl. Sicking, M., Heise (2010)

[13] Vgl. Sicking, M., Heise (2010)

nenbezogenen Daten ab. Leitende Angestellte oder die Geschäftsführung sollten nicht als Datenschutzbeauftragter fungieren, da sie oft im Konflikt mit ihren Interessen stehen.[14]

Wird kein Datenschutzbeauftragter bestimmt oder ist die bestimmte Person nicht fähig den Job ausreichend zu machen, dann stellt dies eine Ordnungswidrigkeit dar und das Unternehmen muss eine Strafe zahlen. Zusätzlich kann von der Aufsichtsbehörde ein externer Datenschutzbeauftragter gestellt werden, für den das Unternehmen zahlen muss.[15]

Bevor ein Unternehmen personenbezogene Daten speichert, muss geklärt sein, ob dieses gesetzlich erlaubt ist oder die Person ihre Einwilligung dafür gegeben hat. Ansonsten wäre die Speicherung der Daten nicht zulässig. Die Zustimmung ist regelmäßig einzuholen. Darüber hinaus muss der Person der Zweck der Speicherung genannt werden. Unternehmen haben nach dem BDSG die Verpflichtung, bei Verarbeitung möglichst wenig personengebundene Daten zu verwenden. Daher wird empfohlen, die Daten vorher zu anonymisieren oder pseudoanonymisieren.[16]

2.5. Datenschutz in der IT

Der Datenschutz in der IT hat eine besondere Bedeutung. Aus diesem Grund hat der Bundesbeauftragte für Datenschutz und Informationsfreiheit, diesen Baustein mit in den IT-Grundschutz-Katalog aufgenommen. Dieser Katalog vom Bundesamt für Sicherheit in der Informationstechnik (BSI) hilft durch das Bereitstellen von Informationen und Werkzeugen, die IT-Sicherheit in Unternehmen zu verbessern. So können Firmen sich zusätzlich nach ISO 27001 zertifizieren lassen. Dieses Zertifikat zeigt auf, dass das Unternehmen nach dem IT-Grundschutz handelt und die IT-Sicherheit auf einem aktuellen Stand ist. Die Verschmelzung zwischen IT-Sicherheit und Datenschutz lässt sich sehr gut in der folgenden Grafik des Bundesbeauftragten für Datenschutz und der Informationsfreiheit ersehen.[17]

---

[14] Vgl. Sicking, M., Heise (2010)
[15] Vgl. Sicking, M., Heise (2010)
[16] Vgl. Bundesamt für Sicherheit in der Informationstechnik (2013a)
[17] Vgl. Bundesamt für Sicherheit in der Informationstechnik (2013b)

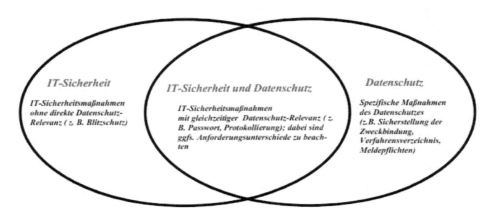

Abbildung 2: Das Verhältnis zwischen Datenschutz und IT-Sicherheit[18]

Wichtige Punkte, die Unternehmen in Ihre IT-Umgebung implementieren müssen, sind die rechtlichen Rahmenbedingungen bei der Verarbeitung von personenbezogenen Daten. Dabei gelten bei den meisten Firmen die Gesetze des BDSG. Hier gilt es, technische und organisatorische Maßnahmen zu ergreifen, die dem Schutz der Daten dienen.[19]

2.6. Datennutzung in der IT

In der IT eines Unternehmens werden viele Daten erhoben, verarbeitet, gespeichert, archiviert, verändert, gelöscht und gesperrt. Diese Aktivitäten müssen kontrolliert und überwacht ablaufen, damit es zu keiner Fehlnutzung im Sinne der Gesetze kommt. Nachfolgend ist der Life-Cycle eines Datensatzes im Unternehmen aufgezeigt:

---

[18] Bundesbeauftragter für den Datenschutz und die Informationsfreiheit (2013)

[19] Vgl. Bundesamt für Sicherheit in der Informationstechnik (2013a)

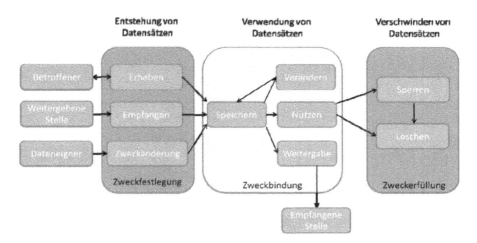

Abbildung 3: Daten-Life-Cycle[20]

In diesem Life-Cycle ist gut der Weg des Datums zu erkennen. Er entsteht durch die Erhebung, den Empfang von weitergebenen Stellen oder durch eine Zweckän-derung des Dateneigners. Nach der Entstehung wird es im Unternehmen zur weite-ren Nutzung gespeichert. Jetzt wird das Datum entweder verändert und neu abge-speichert, an empfangene Stellen weitergegeben oder genutzt. Benutzte Daten werden mit der Zeit gesperrt und gelöscht.

---

[20] Eigene Darstellung in Anlehnung an: Witt, B., Universität Ulm (2013a)

3. Schutzziele für den Datenschutz in der IT

In der IT-Sicherheit unterliegen personengebundene Daten bestimmten Schutzzielen. Diese Schutzziele sollten von Unternehmen eingehalten und gewährleistet werden. Denn jede Störung innerhalb eines dieser Schutzziele kann schwerwiegende Folgen haben.[21]

3.1. Vertraulichkeit

Nur befugte Personen dürfen die Daten nutzen. Dieses Ziel wird durch verschiedenste Voraussetzungen erreicht, wie Benutzerverwaltung, Datenverschlüsselung, Verbot von privater Hard- und Software.[22]

3.2. Integrität

Die Gewährleistung von Vollständigkeit, Unversehrtheit und Aktualität der Daten muss gegeben sein. Dazu empfiehlt sich die Benutzung von Virenprogrammen und Plausibilitätsprüfungen.[23]

3.3. Verfügbarkeit

Die Daten sollen jederzeit zur Verfügung stehen. Das Schutzziel wird unterstützt durch USVs, Backup von Dateien, redundante Serverlandschaften oder genügend Datenübertragungsraten im Netzwerk.[24]

3.4. Authentizität

Es muss für jedes Datum die genaue Quelle bekannt sein. Dieses Ziel lässt sich das Protokollieren und durch digitale Signaturen schaffen.[25]

---

[21] Vgl. Landesbeauftragter für den Datenschutz Sachsen-Anhalt (2011)
[22] Vgl. Landesbeauftragter für den Datenschutz Sachsen-Anhalt (2011)
[23] Vgl. Landesbeauftragter für den Datenschutz Sachsen-Anhalt (2011)
[24] Vgl. Landesbeauftragter für den Datenschutz Sachsen-Anhalt (2011)
[25] Vgl. Landesbeauftragter für den Datenschutz Sachsen-Anhalt (2011)

3.5. Revisionsfähigkeit

Dieses ist die Weiterentwicklung der Authentizität. Bei Revisionsfähigkeit muss protokolliert werden, wer Daten verarbeitet, benutzt oder gelöscht hat. Auch hier geschieht dieses durch Protokollierung und digitaler Signatur.[26]

3.6. Transparenz

Alle Verarbeitungsschritte, die mit personenbezogenen Daten passieren, müssen nachvollziehbar sein. Dazu bedarf es einer Vorabkontrolle, Freigabe von Verfahren durch Dritte, lückenloser Dokumentation des Verarbeitungsprozesses und der genauen Kenntnisse der Software. [27]

---

[26] Vgl. Landesbeauftragter für den Datenschutz Sachsen-Anhalt (2011)

[27] Vgl. Landesbeauftragter für den Datenschutz Sachsen-Anhalt (2011)

4. Umsetzung des Datenschutzes nach rechtlichen Vorschriften in der IT

Es gibt verschiedene Möglichkeiten zur Umsetzung des Datenschutzes in der IT. Nachfolgend werden technische und organisatorische Maßnahmen erklärt, welche ein Unternehmen implementieren kann. Diese Maßnahmen stehen im BDSG unter §9 als acht Kontrollziele.[28]

4.1. Zutrittskontrolle

Datenverarbeitungsanlagen, die zur Verarbeitung oder zur Speicherung von personenbezogenen Daten genutzt werden, sollen nicht von unbefugten Personen betreten werden können. Als Beispiel dient hier der Serverraum im Unternehmen. Zu diesem sollte es eine Zutrittskontrolle geben. Dieses kann zum Beispiel durch Schlüssel, Code oder Irisscan geschehen. Zudem muss protokolliert werden, welche Mitarbeiter Zugang besitzen, wann sie Besucher mitgeführt haben und zu welchem Zeitpunkt sie Zugang gesucht haben.[29]

4.2. Zugangskontrolle

Dieser Punkt ist ähnlich zu dem Punkt Zutrittskontrolle. Hier geht es aber um den Zugang zur Nutzung von Datenverarbeitungssystemen. Es müssen alle Datenverarbeitungsgeräte durch Passwörter geschützt werden. Und zwar sollte jedes Gerät ein eigenes haben. Die Passwörter sollten in regelmäßigen Abständen geändert werden und es sollte bestimmten Sicherheitsrichtlinien entsprechen, wie zum Beispiel sollte es aus Groß- und Kleinbuchstaben, Zahlen und Sonderzeichen bestehen und eine entsprechende Länge vorweisen.[30]

4.3. Zugriffskontrolle

Das Ziel der Zugriffskontrolle ist es, dass jeder Benutzer nur Zugang zu den personenbezogenen Daten und Systemen erhält, zu denen er die Befugnis hat. Zudem

---

[28] Vgl. Bundesamt für Sicherheit in der Informationstechnik (2013a)

[29] Vgl. Rautenberg, Rene, er-secure.de (2013):

[30] Vgl. Rautenberg, Rene, er-secure.de (2013):

muss gewährleistet werden, dass bei der Verarbeitung der personengebundenen Daten es nicht möglich ist, diese zu ändern, zu kopieren oder zu löschen. Die Sicherstellung dafür erfolgt beispielsweise über eine passwortgeschützte Weboberfläche mit SSL-Verschlüsselung. Zusätzlich sollten die Mitarbeiter, die mit den Daten arbeiten eine Schulung zu dem Thema BDSG und der damit verbundenen Einhaltung der Datenschutzgesetze bekommen haben.[31]

4.4. Weitergabekontrolle

Bei der elektronischen Übertragung muss sichergestellt werden, dass Daten nicht verändert, gelöscht und mitgelesen werden können. Dazu zählt auch der Vorgang der Speicherung.[32] Datentransfer im Internet sollte über SSL-Verschlüsselung geschehen. Zudem sollte anstatt FTP lieber SFTP benutzt werden. Das interne Firmennetzwerk sollte durch eine demilitarisierte Zone zum Internet geschützt werden. Des Weiteren kann eine Sperrung der USB-Ports oder den Ausbau von CD-Laufwerken zur Sicherung vor Weitergabe der Daten schützen.[33]

4.5. Eingabekontrolle

Es muss sichergestellt werden, dass Veränderungen, Eingaben und Löschungen von Daten im Nachhinein überprüft und nachgewiesen werden können. Dazu müssen alle Zugriffe, Eingaben, Veränderungen und Löschungen geloggt werden. Zu der eindeutigen Zuordnung wird die Signatur des Mitarbeiters benötigt.[34]

4.6. Auftragskontrolle

Personenbezogene Daten dürfen nur entsprechend der Anforderungen und Weisungen des Auftragsgebers verarbeitet werden.[35] Keine Programmieraufträge nach außen geben. Projekte, die sensible Daten betreffen, von internen Mitarbeitern betreuen und bearbeiten lassen. Falls Aufgaben doch von externen Personen ausge-

---

[31] Vgl. Rautenberg, Rene, er-secure.de (2013):

[32] Vgl. Rautenberg, Rene, er-secure.de (2013):

[33] Vgl. Witt, B., Universität Ulm (2013a)

[34] Vgl. Rautenberg, Rene, er-secure.de (2013):

[35] Vgl. Rautenberg, Rene, er-secure.de (2013):

führt werden müssen, sollte sorgfältig überwacht werden, was mit den Daten passiert.[36]

4.7. Verfügbarkeitskontrolle

Es wird sichergestellt, dass Daten nicht zufällig zerstört oder gelöscht werden können.[37] Daten werde am besten mehrmals täglich gesichert. Dabei empfiehlt sich ein externes Medium, wie Bänder oder ein Server in separaten Serverraum. Zudem sollte der Rückspielungsprozess der Daten im Notfall getestet worden sein.[38]

4.8. Datentrennungskontrolle

Unterschiedliche Aufträge zur Bearbeitung von personenbezogenen Daten sollen getrennt und unabhängig voneinander ausgeführt werden.[39] Dafür sollen Datensätze innerhalb Applikationen benutzerabhängig freigegeben werden können. Damit ist gemeint, dass jeder User nur auf die für ihn relevanten Daten zugreifen kann. Im Fachjargon wird der Begriff der Mehrmandantenfähigkeit genutzt.[40]

---

[36] Vgl. Witt, B., Universität Ulm (2013a)
[37] Vgl. Rautenberg, Rene, er-secure.de (2013):
[38] Vgl. Witt, B., Universität Ulm (2013a)
[39] Vgl. Rautenberg, Rene, er-secure.de (2013):
[40] Vgl. Witt, B., Universität Ulm (2013a)

4.9. Ziel der Umsetzung des Datenschutzes

Ziel der technischen und organisatorischen Maßnahmen ist es, das Restrisiko auf Verwundbarkeit zu minimieren. Das nachfolgende Schaubild stellt dies dar.

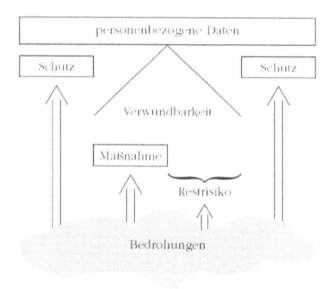

Abbildung 4: Ziele der technischen Maßnahmen[41]

Wichtig dabei sind die Analyse und die Bewertung der darauf gefundenen Risiken. Mit dem resultierenden Ergebnis kann nun bestimmt werden, ob das Restrisiko, welches besteht, akzeptierbar ist oder ob noch weitere Schutzmaßnahmen getroffen werden müssen. Ist nach der Auswertung der Risiken das Restrisiko im erträglichen Bereich, kann von einem Datenschutzkonzept gesprochen werden, was die gesetzlichen und internen Regelungen zum Datenschutz beinhaltet.[42]

[41] Witt, B., Universität Ulm (2013a)

[42] Vgl. Witt, B., Universität Ulm (2013a)

5. Auswirkungen auf den Betrieb von Rechnersystemen, Datenbanken und Anwendungen

Die Auswirkungen auf den Betrieb in der IT lassen sich aus den Schutzzielen und den Maßnahmen ableiten. So muss bei der Implementierung von neuen Rechnersystemen, Datenbanken oder auch Anwendungen darauf geachtet werden, dass die Vorgaben beachtet werden und somit der Datenschutz, wie von der Gesetzgebung verlangt, eingehalten wird. Bei einem neuen Server für personenbezogene Daten muss der Stellplatz bedacht werden. Am sichersten wäre ein separater, abgesicherter Raum, der über eine Zugangskontrolle verfügt. Zudem sollte der Server über eine USV-Versorgung und ein Passwort für den Zugang verfügen. Bei Datenbanksystemen und den dazu passenden Anwendungen, sollten Benutzer per eigenem Passwort nur auf Bereiche Zugriff erhalten, die für deren Arbeit relevant sind. Zudem sollte jede Aktion der Benutzer protokolliert werden, damit im Schadensfall direkt die richtige Person angesprochen werden kann. Die Verbindungen zwischen der Anwendung und dem Datenbankserver sollte verschlüsselt geschehen. Sinnvoll wäre eine SSL-Verschlüsselung. Somit können keine Daten durch Dritte abgefangen und ausgelesen werden. Auch sollte das Unternehmen dafür sorgen, dass die Daten ständig verfügbar sind. Diese Möglichkeit bietet sich durch redundante Serversysteme und täglichen Backups. Dabei sollte getestet werden, wie die Gewinnung der Daten im Notfall erfolgt. Die Verfügbarkeit ist zudem von Nutzen, wenn Kunden Informationen über ihre gespeicherten Daten von dem Unternehmen einfordern.

Es wird deutlich, dass für den Punkt Datenschutz die IT-Abteilung einen sehr wichtigen Teil einnimmt und sich um die Hauptarbeit kümmern muss. Dazu bedarf es geschultem Personal und einem Datenschutzbeauftragten im Unternehmen, der einen Einblick in die IT hat. Darüber hinaus muss das IT-Personal in Hinblick auf die Wichtigkeit von personenbezogenen Daten sensibilisiert werden, da ansonsten das Augenmerk auf diese Daten schnell verloren gehen kann.

6. Fazit

Es wird deutlich, dass Datenschutz in der heutigen Zeit einen hohen Stellenwert inne hat und sich daher ein Unternehmen darauf fokussieren sollte. Es reicht nicht einfach, einen Datenschutzbeauftragten für ein Unternehmen zu stellen. Das ist nur ein Baustein von vielen. Viel wichtiger ist der Umgang mit den gesammelten personenbezogenen Daten. So sollten genügend Vorkehrungen gemacht werden, die einen unbefugten Zugang erschweren oder noch besser komplett verhindern. Des Weiteren sollten genügend Sicherheitskopien von den Daten erstellt werden, bei diesen sollte darauf geachtet werden, dass sie sicher genug gelagert werden. Auch ist es sinnvoll, den Kunden davon in Kenntnis zu setzen, welche Daten genau, wie lange und warum gespeichert werden. Aus vertrauenswürdiger Sichtweise sollte diese Information regelmäßig kommuniziert werden.

Ein Unternehmen sollte zusätzlich über eine Zertifizierung nach ISO 27001 nachdenken. Mit dieser Zertifizierung wird der richtige Umgang mit IT-Risiken und der IT-Sicherheit bezeugt. Berücksichtigt wird in dieser Norm ebenfalls der Punkt „Umgang mit Datenschutzrisiken". Somit lässt sich nachweisen, dass ein Unternehmen sorgfältig mit seinen Daten und den Daten des Kunden umgehen kann und dieses auch von einer Zertifizierungsstelle belegt ist.

Den hundertprozentigen Schutz von personenbezogenen Daten lässt sich nie garantieren. Doch kann durch genügend Schutzmaßnahmen und der nötigen Sensibilisierung ein großer Teil der Bedrohung abgefangen werden (Siehe auch Abbildung 4). Daher sollten die Maßnahmen nicht nur implementiert werden, sondern auch regelmäßig überprüft und verbessert werden. Auch sollten alle Mitarbeiter, die mit Datenschutz in Verbindung stehen, mit den neuesten Gesetzen des BDSG und des LDSG vertraut gemacht werden. Dies sollte durch den Datenschutzbeauftragten des Unternehmens geschehen.

7. Literaturverzeichnis

7.1. Monographien

Inderst, Banneburg, Poppe (2013): „Compliance: Aufbau – Management – Risiko-
bereitschaft", Heidelberg, 2013, 2. Auflage, S. 484

7.2. Internetseiten

o. V., Bundesamt für Sicherheit in der Informationstechnik (2013a): Datenschutz,
URL:
https://www.bsi.bund.de/DE/Themen/ITGrundschutz/ITGrundschutzKataloge/Inhalt/
_content/baust/b01/b01005.html, Abruf am 06.11.2013

o. V., Bundesamt für Sicherheit in der Informationstechnik (2013b): IT-
Grundschutz, URL:
https://www.bsi.bund.de/DE/Themen/ITGrundschutz/StartseiteITGrundschutz/starts
eiteitgrundschutz_node.html, Abruf am 06.11.2013

o. V., Bundesbeauftragter für den Datenschutz und die Informationsfreiheit (2013):
Maßnahmen und Datenschutz-Kontrollziele, URL:
http://www.bfdi.bund.de/SharedDocs/Publikationen/Arbeitshilfen/ErgaenzendeDoks
/MassnahmeGS-Kat.pdf?__blob=publicationFile, Abruf: 06.11.2013

o. V., Landesbeauftragter für den Datenschutz Sachsen-Anhalt (2011): Daten-
schutzmanagement, URL: http://www.sachsen-
an-
halt.de/fileadmin/Elementbibliothek/Bibliothek_Politik_und_Verwaltung/Bibliothek_L
FD/PDF/binary/Service/orientierungshilfen/Orientierungshilfe_DS-Management.pdf,
Abruf: 08.11.2013

o. V., Landesbeauftragter für den Datenschutz und für das Recht auf Akteneinsicht
Brandenburg LDA (2013): Geschichte des Datenschutzes, URL:

http://www.lda.brandenburg.de/sixcms/detail.php/bb1.c.251507.de, Abruf am:
06.11.2013

o. V. Universität Frankfurt (2013): Geschichte des Datenschutzes, URL:
http://wiki.u3l.uni-frankfurt.de/index.php/Geschichte_des_Datenschutzes, Abruf am:
06.11.2013

Rautenberg, Rene, er-secure.de (2013): Datenschutz gemäß $ 9 BDSG, URL:
http://easy-feedback.de/media/EF_Datenschutz_%C2%A79_BDSG.pdf, Abruf am
07.11.2013

Sicking, M., Heise (2010): Der betriebliche Datenschutzbeauftragte, URL:
http://www.heise.de/resale/artikel/Der-betriebliche-Datenschutzbeauftragte-
1134867.html, Abruf am: 06.11.2013

Witt, B., Universität Ulm (2013a): Grundlagen des Datenschutzes und der IT Sicherheit, URL:
https://www.uni-ulm.de/fileadmin/website_uni_ulm/iui/datenschutz/VL2013-1c.pdf,
Abruf am: 06.11.2013

Witt, B., Universität Ulm (2013b): Grundlagen des Datenschutzes, URL:
https://www.uni-ulm.de/fileadmin/website_uni_ulm/iui/datenschutz/VL2013-1b.pdf,
Abruf am: 06.11.2013